Bringing Back History
An Untold Story of the "Mexican Repatriation"

Written By: Elsie Guerrero
Illustrated By: Jasmine Mills
Formatted and Designed By: Jerome Vernell Jr.

Copyright © 2020 Elsie Guerrero

All rights reserved.

No part of this publication may be reproduced, distributed, or transmitted in any form or by any means, including photocopying, recording, or other electronic or mechanical methods, without the prior written permission of the publisher, except in the case of brief quotations embodied in critical reviews and certain other noncommercial uses permitted by copyright laws of the United States of America.

PRINTED IN THE UNITED STATES OF AMERICA.

I would like to acknowledge the students who were able to make AB 146 (2015) possible. Thank you for your commitment to change.

This book is dedicated to
Bell Gardens Elementary School,
Ms. Leslie Hiatt, Raymond Rodriguez,
Francisco E. Balderrama and
Assembly member Cristina Garcia.

It was the first day of fourth grade and the students were happy to have Ms. Hiatt back as their teacher.

Ms. Hiatt was excited to see them after a long summer. She told the students that they will be having a student teacher, Ms. Ramos, who was excited to teach them about the unlawful deportation of Mexican Americans, a topic she learned in college.

In the 1930s, during the Great Depression, a time when the United States was going through a major financial crisis, the government was forced to make budget cuts, which impacted millions of people.

The Mexican and Mexican Americans formed a large number of the affected millions. They were deported to Mexico because the government assumed that it would benefit the economy.

Citizens of America who appeared Mexican were forced out of their country and their homes - the only place they'd ever known.

Sixty percent of the number of deported people were Mexican American citizens who had never lived a day in Mexico. Some of them could not even speak Spanish. This rendered many of them homeless in Mexico.

The students found the topic about the unlawful deportation very interesting because many of them had a Mexican background and were shocked at the reality being taught to them. They also realized that this knowledge was not found in textbooks or in school's curriculum. Ms. Ramos made them research online and listen to personal stories to gain knowledge on the topic.

"The federal government never apologized for unlawfully deporting Mexican American citizens," said Ms. Ramos.

Outraged about what Ms. Ramos told them. They could not believe it.

Justin said, "What! They did not apologize for what they did to us?"

"This is not fair!" grouched Edgar.

"Let's write a letter to the president asking for an apology," suggested Angela.

"Yes! Let's write to President Obama!" Michael reiterated.

"Yes! We need to do something about this! We cannot let this history be untold any longer!" Janet agreed.

Ms. Hiatt was so thrilled to see the excitement of her students that she encouraged them to write the letter to the president.

A few weeks later, the students finally received a response from the president.

They screamed with joy! They could not believe the president responded to their letter.

Sadly, when they opened the letter, it did not express any action. Instead, the president gave a 'thank you' for sharing their story.

"I can't believe President Obama only sent us a thank you letter and a picture of his dog!" Joaquin fumed.

"Where is our apology?" asked Alexandra.

The students were upset that President Obama was unable to do anything - not even an apology - about the unlawful deportation of Mexican Americans.

The students looked at Ms. Hiatt and said, "Well, if President Obama is not going to do anything about it, then we will have to do something!"

The students began to create presentations and videos to voice their opinions about the unlawful deportation. Ten of the students did a play. Eight students did a PowerPoint presentation. Another eight students created an animated movie, and another eight students did a poem.

One day, Assemblymember Cristina Garcia went to their class to talk about her role as a elected official and her trip to Central America to learn about the plight of children migrating to America on their own.

Upon the assemblymember arrival, the students performed their presentation; they sang, danced, and did skits on the unlawful deportation of Mexican Americans.

She was impressed by their performance that she suggested they enter her contest, There Ought to be a Law.

The students looked at each other with excitement! The contest was exactly what they needed to get this period of history in California history textbooks.

Ms. Hiatt looked at her students and said, "Let's do it! Let's make this a law!"

The students shouted with joy.

The students could not believe it.

"So, when will it become a law?" asked Jackie.

Assemblymember Cristina Garcia responded, "Well, it is going to take a while because there are a few steps to take before making it a law. A bill has to pass through both the senate and assembly before the governor can sign it into law."

The next day, Assemblymember Cristina Garcia submitted the idea and it became a bill called AB 146: Social Sciences: Deportations to Mexico.

The bill was first heard by the Assembly Committee on Education, a group of representatives whose duties are to vote on bills regarding education. Ms. Hiatt and her students went to Sacramento, California, traveling 390 miles on a bus to testify in front of the Education Committee. The students wanted to share their concerns and reasons why the topic was important.

"Good afternoon assemblymembers, my name is Makayla Rocha and I am a fifth grader at Bell Gardens Elementary School, and we are asking for your vote on AB 146. History is an important part of our country learning and an important part of our country..."

"Good afternoon assemblymembers, my name is Joshua Govea and I am a fifth grader at Bell Gardens Elementary School and I am asking for your vote for AB 146. Now you may be asking why I am asking for your vote? One of the reasons I am asking for your vote to this bill is because as a result of the government, many families were destroyed and lives were ruined in the 1930s..."

"Good afternoon, my name is Janet Martinez and I am a fifth grader at Bell Gardens Elementary School. The reason of our visit is due to our shameful actions of the 1930s actions during the depression most importantly the deportation of Mexican American citizens during that generation. This era should be as important and many other movements that are in our textbooks to date. Isn't the Mexican Repatriation just as important as the Chinese Exclusion Act, as the Japanese resettlement, or the Bracero program and the Indian Removal Act?"

The members of the committee listened to the students' testimonies and were impressed by the passion showed by the students as they spoke about the injustice of the unlawful deportation. Impressed by their testimonies, all the members voted in favor of AB 146.

The students were thrilled! They shouted with pride!

The bill passed the Appropriations Committee then moved to the Assembly floor for all the assemblymembers to vote on. It passed with 62-9 vote. AB 146 moved to the Senate.

In the Senate, the bill passed the Education Committee, Appropriations Committee and moved to the Senate Floor. The bill passed with a 62-10 vote.

AB 146 was signed into law by Governor Jerry Brown and it officially became a law in the state of California.

The students who worked hard to tell the untold story about the unlawful deportations were able to bring back history for all students in today's society to learn about it.

As of 2016, it is a law in California to encourage teachers to develop activities and provide content background and resources to assist in teaching students about deportation. However, the federal government still has not given an apology.

"Even the smallest people have a voice and they change many things. Never be afraid to stand up for what you believe is right because you never know what is going to happen when you put effort into it."

– Nicole Sandoval
Former student
Bell Gardens Elementary

Assembly Bill No. 146

CHAPTER 392

An act to amend Section 51226.3 of the Education Code, relating to pupil instruction.

[Approved by Governor October 1, 2015. Filed with Secretary of State October 1, 2015.]

LEGISLATIVE COUNSEL'S DIGEST

AB 146, Cristina Garcia. Pupil instruction: social sciences: deportations to Mexico.

Existing law requires the adopted course of study for grades 1 to 6, inclusive, and for grades 7 to 12, inclusive, to offer courses in specified areas of study, including social sciences. Existing law requires the instruction in social sciences, for grades 7 to 12, inclusive, to provide instruction in, among other things, human rights issues, with particular attention to the study of the inhumanity of genocide, slavery, and the Holocaust, and contemporary issues.

Existing law encourages the State Department of Education to incorporate into publications that provide examples of curriculum resources materials that are age appropriate and consistent with the subject frameworks on history and social science that deal with specified genocides. Existing law states that the Legislature encourages the incorporation of survivor, rescuer, liberator, and witness oral testimony into the teaching of human rights, the Holocaust, and genocide, as specified, and encourages professional development activities to provide teachers with content background and resources to assist in teaching about civil rights, human rights violations, genocide, slavery, the Armenian Genocide, and the Holocaust.

This bill would, for purposes of encouraging the incorporation of survivor and witness testimony into the teaching of human rights, include the unconstitutional deportation to Mexico during the Great Depression of citizens and lawful permanent residents of the United States within the definition of human rights. The bill would encourage professional development activities to provide teachers with content background and resources to assist in teaching about that deportation. The bill would require the State Board of Education to consider providing for the inclusion of the study of that deportation when the curriculum frameworks for history-social science are revised on or after January 1, 2016.

39

Elsie Guerrero is the author of *How Emily and Eli Became Friends* and *The Beauty in Me*. She began publishing children's books in 2015 about children with special needs. In 2017, she began writing children's books about the Latinx community. Her goal is to spread awareness and promote inclusion.

You like Bringing Back History?
heck out other books written by Elsie Guerrero.

Spread awareness. Promote Inclusion.

¿Te gusto Tomando la historia en nuestras manos?
Busca otros libros escritos por Elsie Guerrero.

Difundir conciencia. Promover la inclusión.

Elsie Guerrero es la autora del libro *Cómo Emily y Eli se convirtieron en amigos* y *La belleza en mí*. Comenzó a publicar libros infantiles en 2015 sobre niños con necesidades especiales. En 2017, empezó a escribir libros infantiles sobre la comunidad Latina. Su objetivo es difundir conciencia y promover la inclusión.

Proyecto de ley de reunión No. 146

CAPÍTULO 392

- Ley de enmienda del artículo 51226.3 del Código de Educación, relativo a la instrucción de los alumnos.

[Aprobado por el gobernador el 1 de octubre de 2015. Presentado por el Secretario de Estado el 1 de octubre de 2015.]

RESUMEN DEL CONSEJO LEGISLATIVO

AB 146, Cristina García. Instrucciones para alumnos: ciencias sociales: deportaciones a México.

La legislación vigente exige que el curso de estudios aprobado para los grados 1 a 6, inclusive, y para los grados 7 a 12, inclusive, ofrezca cursos en determinadas esferas de estudio, incluidas las ciencias sociales. La legislación vigente exige que la instrucción en ciencias sociales, para los grados 7 a 12, inclusive, imparta instrucción sobre, entre otras cosas, cuestiones relativas a los derechos humanos, prestando especial atención al estudio de la inhumanidad del genocidio, la esclavitud y el Holocausto, y las cuestiones contemporáneas.

La legislación vigente alienta al Departamento de Educación del Estado a que incorpore en las publicaciones que proporcionen ejemplos de recursos del programa de estudios materiales que sean apropiados para la edad y coherentes con los marcos temáticos sobre historia y ciencias sociales que se ocupan de los genocidios especificados. La legislación vigente establece que la Asamblea Legislativa alienta la incorporación de los testimonios orales de sobrevivientes, rescatistas, liberadores y testigos en la enseñanza de los derechos humanos, el Holocausto y el genocidio, según se especifique, y alienta las actividades de desarrollo profesional para proporcionar a los maestros antecedentes y recursos de contenido para ayudar a enseñar sobre los derechos civiles, las violaciones de los derechos humanos, el genocidio, la esclavitud, el genocidio armenio y el Holocausto.

Este proyecto de ley, con el fin de fomentar la incorporación de los testimonios de sobrevivientes y testigos en la enseñanza de los derechos humanos, incluiría la deportación inconstitucional a México durante la Gran Depresión de ciudadanos y residentes permanentes legales de los Estados Unidos en la definición de derechos humanos. El proyecto de ley alentaría las actividades de desarrollo profesional para proporcionar a los profesores antecedentes de contenido y recursos para ayudar a enseñar sobre esa deportación. El proyecto de ley exigiría que la Junta Estatal de Educación considerara la posibilidad de incluir el estudio de esa deportación cuando los marcos curriculares para ciencias históricas y sociales se revisen el 1 de enero de 2016 o después.

"Incluso las personas más pequeñas tienen voz y cambian muchas cosas. Nunca tengas miedo de luchar por lo que crees es correcto porque nunca sabes lo que va a pasar cuando pongas esfuerzo en ello."

— Nicole Sandoval
alumna
Escuela primaria Bell Gardens

A partir del 2016, AB 146 es una ley en California para alentar a los profesores a desarrollar actividades y proporcionar contenido y recursos para ayudar a enseñarles a los estudiantes sobre las deportaciones de los 1930s. Sin embargo, el gobierno federal todavía no ha dado una disculpa.

El proyecto de ley fue aprobado por el Comité de Consignaciones y luego se trasladó a la Asamblea para que todos los miembros de la asamblea votaran. Se aprobó con 62-9 votos. El AB 146 fue trasladado al Senado.

En el Senado, el proyecto de ley fue aprobado por el Comité de Educación, el Comité de Asignaciones y se trasladó a la cámara del Senado. El proyecto de ley fue aprobado con 62-10 votos.

Los miembros del comité escucharon los testimonios de los estudiantes y quedaron impresionados por la pasión mostrada por los estudiantes mientras hablaban de la injusticia de las deportaciones inconstitucionales. Impresionados por sus testimonios, todos los miembros votaron a favor del AB 146.

¡Los estudiantes estaban emocionados! ¡Gritaron de orgullo!

— Buenas tardes, mi nombre es Janet Martínez y estoy en quinto grado en la Escuela Primaria Bell Gardens. La razón de nuestra visita se debe a nuestras vergonzosas acciones de la década de 1930 durante La Gran Depresión y, lo más importante, a la deportación de ciudadanos México Americanos durante esa generación. Esta epoca debería ser tan importante como muchos otros movimientos que están en nuestros libros hasta hoy. ¿Qué no es la ¨Repatriación Mexicana¨ tan importante como la Acción de Exclusión China, como los campos de internamiento Japonés, o el programa Brasero y la ley de Expulsión de los Nativos Americanos?

– Buenas tardes miembros de la cámara, mi nombre es Makayla Rocha y estoy en quinto grado en la Escuela Primaria Bell Gardens, y estamos pidiendo su voto para AB 146. La historia es una parte importante del aprendizaje de nuestro país y una parte importante de nuestro país...

– Buenas tardes miembros de la cámara, me llamo Joshua Govea y estoy en quinto grado en la Escuela Primaria Bell Gardens y pido su voto para AB 146. Ahora, ¿se preguntarán por qué pido su voto? Una de las razones por las que pido su voto a este proyecto de ley es porque como resultado del gobierno, muchas familias fueron destruidas y muchas vidas fueron arruinadas durante los años 30...

El proyecto de ley fue examinado primero por el Comité de Educación de la Asamblea, un grupo de representantes cuyo deber es votar por los proyectos de leyes relacionados con la educación. La maestra Hiatt y sus estudiantes fueron a Sacramento, California, viajando 390 millas en un autobús para testificar frente al Comité de Educación. Los estudiantes querían compartir sus preocupaciones y razones por las cual el tema era importante.

Al día siguiente, Asambleísta Cristina García presentó la idea y se convirtió en un proyecto de ley llamado AB 146: Ciencias sociales: Deportaciones a México.

Los estudiantes no se lo creyeron.

– Entonces, ¿cuándo se convertirá en ley? – preguntó Jackie.

La asambleísta Cristina Garcia respondió – Bueno, va a tomar un tiempo porque hay algunos pasos que tomar antes de convertirse en ley. Un proyecto de ley debe ser aprobado por el Senado y la Asamblea antes que el Gobernador pueda firmarlo y convertirlo en ley.

¡Los estudiantes se miraron los unos a los otros con emoción! El concurso fue exactamente lo que ellos necesitaban para dar saber de la verdad en los libros de historia en California.

La maestra Hiatt miró a sus estudiantes y dijo – ¡Vamos a hacerlo! ¡Hagamos de esto una ley!

Los estudiantes gritaron de alegría.

Un día, la asambleísta Cristina García fue a su clase para hablar de su rol como funcionaria electa y sobre su viaje a Centroamérica para aprender sobre los niños que emigran a Estados Unidos y su difícil situación.

Durante la visita, los estudiantes realizaron sus presentaciones. Cantaron, bailaron e hicieron obras sobre la deportaciones ilegales de México Americanos.

Ella estaba tan impresionada que sugirió que entraran en su concurso, Debe Haber Una Ley.

Los estudiantes empezaron a crear presentaciones y videos para expresar sus opiniones sobre las deportaciones ilegales. Diez estudiantes hicieron una obra de teatro. Ocho estudiantes hicieron una presentación en PowerPoint. Otros ocho estudiantes crearon una animación y otro grupo de ocho estudiantes escribieron poemas.

Los estudiantes miraron a la maestra Hiatt y dijeron
– ¡Bueno, si el Presidente Obama no va a hacer nada al respecto, entonces nosotros tendremos que hacer algo!

– ¡No puedo creer que el Presidente Obama solamente nos haya enviado una carta de agradecimiento y una foto de sus perros! – se enfureció Joaquín.

– ¿Dónde está nuestra disculpa? – preguntó Alexandra.

Los estudiantes estaban molestos de que el Presidente Obama fuera incapaz de hacer nada - ni siquiera una disculpa - sobre las deportaciones inconstitucionales de México Americanos.

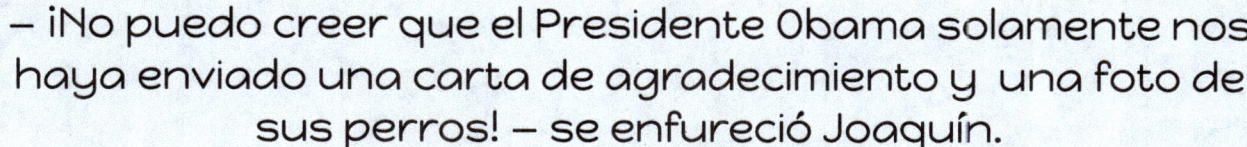

Unas semanas después, los estudiantes finalmente recibieron una respuesta del Presidente.

¡Gritaron de alegría! No podían creer que el Presidente respondió a su carta.

Tristemente, cuando abrieron la carta, no expresaba ninguna resolución. En cambio, el presidente dio las 'gracias' por compartir su historia.

– Vamos a escribir una carta al Presidente pidiéndole una disculpa – sugirió Angela.

– ¡Sí! ¡Escribámosle una carta al Presidente Obama! – reafirmó Michael.

– ¡Sí! ¡Tenemos que hacer algo al respecto! ¡No podemos dejar que este evento histórico se quede sin contar! – afirmó Janet.

La maestra Hiatt estaba tan conmovida de ver a sus estudiantes tan apasionados, que ella los animó a escribir la carta al presidente.

Indignados por lo que la maestra Ramos les dijo, ellos no lo podían creer.

Justin exlamó, – ¿Que? ¿Ellos no se disculparon por lo que ellos nos hicieron?

– ¡Esto no es justo! – refunfuñó Edgar.

– El gobierno federal nunca se disculpó por las deportaciones inconstitucionles de los ciudadanos México Americanos – dijo la maestra Ramos.

Los estudiantes encontraron el tema de las deportaciones inconstitucionales muy intrigante porque muchos de ellos son de decendencia Mexicana y estaban conmovidos por la realidad que se les enseñaba. Ellos también encontraron que esta injusticia no se encontraba en libros ni en el currículo de las escuelas. La maestra Ramos le dijo a los estudiantes que buscaran en el internet información sobre la "repatriación" y que escucharan recuentos personales para que aprendieran de este tema.

Ciudadanos Américanos de decendencia Mexicana fueron forzados a salir de su país y de sus casas - el único hogar que ellos habían conocido.

Sesenta porciento de las personas deportadas eran ciudadanos Américanos que nunca habían pasado ni un día en México. Entre ellos habían personas que ni siquiera hablaban español. Esto ocasionó que muchos de ellos fueran desamparados en México.

En 1930, durante La Gran Depresión, un tiempo histórico en el cual los Estados Unidos pasó por una gran crisis financiera, el gobierno recortó el presupuesto; lo cual impactó a millones de personas.

Los Mexicanos y México Americanos formaron parte de los millones de personas afectadas. Como un supuesto remedio económico, el gobierno deportó a este grupo de gente a México.

Era el primer día de clase y los estudiantes estaban alegres de tener a la maestra Hiatt de nuevo como su maestra de 4º grado.

La maestra Hiatt estaba contenta de ver a sus alumnos después de un largo verano. Les dijo a los estudiantes que la clase tendría a una maestra practicante, la Srta. Ramos. Ella estaba muy conmovida de enseñarles sobre las deportaciones ilegales de México Americanos, un tema que ella había estudiado en la universidad.

Este libro está dedicado a la Escuela Primaria Bell Gardens, Ms. Leslie Hiatt, Raymond Rodriguez, Francisco E. Balderrama & Asambleísta Cristina Garcia.

Quisiera reconocer a los estudiantes que lograron que AB 146 (2015) se hiciera una realidad. Gracias por su compromiso al cambio.

Tomando la historia en nuestros manos

La verdadera historia de la "Repatriación Mexicana"

Escrito por: Elsie Guerrero
Traducción por: Araceli Caldera y Leslie Hiatt
Ilustrador por: Jasmine Mills
Diseños por: Jerome Vernell

Derechos de Autor © 2020 Elsie Guerrero. Todos los derechos reservados

Ninguna parte de esta publicación podrá ser reproducida, distribuida, o transmitida en ninguna forma o de ninguna manera, incluyendo fotocopia, grabación, o cualquier otro medio electrónico o mecánico, sin antes obtener la autorización por escrito del publicador; excepto en casos de citas breves en el uso de criticas y para particulares usos no comerciales permitidos por la Ley de Derechos de Autor de los Estados Unidos.

REPRODUCIDO EN LOS ESTADOS UNIDOS DE AMERICA